La serpiente

La serpiente

Teresa Wimmer

Vida salvaje

CREATIVE EDUCATION

CREATIVE PAPERBACKS

Publicado por Creative Education y Creative Paperbacks
P.O. Box 227, Mankato, Minnesota 56002
Creative Education y Creative Paperbacks son marcas
editoriales de Creative Company
www.thecreativecompany.us

Diseño de Tom Morgan (www.bluedes.com)
Dirección de arte de Rita Marshall
Producción de Alison Derry
Editado de Joe Tischler
Traducción de TRAVOD, www.travod.com

Fotografías de 123RF (Rusty Dodson, R.L. Hambley, Enrique Ramos Lopez, Cosmin Manci,
Kristian Sekulic), Alamy (Walter Cicchetti, famveld, Dragan Jelic, Dimitris K.), Corbis
(Brandon D. Cole, Michael & Patricia Fogden, Martin Harvey), Dreamstime (Andybukaj,
Bertrandb, Issalina), Free Vintage Images (Leopold Joseph Fitzinger), Getty (Thad Samuels
Abell II, George Grall, Roy Toft), iStock (John Bell, Karel Broz, Jake Holmes, Mark Kostich,
David Parsons, Brad Phillips, Nico Smit, Jim Travis, Jeremy Wedel), Minden (Pete Oxford),
Shutterstock (DedeDian, Heiko Kiera, LittleAirplane, Jay Ondreicka, vidimages), Wikimedia
Commons (Helena Forde/Museum Victoria/Google Cultural Institute)

Library of Congress Cataloging-in-Publication Data
Names: Wimmer, Teresa, author.
Title: La serpiente / Teresa Wimmer.
Other titles: Snakes. Spanish
Description: Mankato, Minnesota : Creative Education and Creative
    Paperbacks, [2024] | Series: Vida salvaje | Translation of: Snakes. |
    Includes bibliographical references and index. | Audience: Ages 10–14 |
    Audience: Grades 7–9 | Summary: "Brimming with photos and scientific
    facts, Snakes treats middle-grade researchers and wild animal lovers to
    a comprehensive zoological profile of this group of remarkable reptiles.
    Translated into North American Spanish, it includes sidebars, a range
    map, a glossary, and an American Indian snake tale"— Provided by
    publisher.
Identifiers: LCCN 2022051769 (print) | LCCN 2022051770 (ebook) | ISBN
    9781640267510 (library binding) | ISBN 9781682773031 (paperback) |
    ISBN 9781640009172 (ebook)
Subjects: LCSH: Snakes—Juvenile literature.
Classification: LCC QL666.O6 W46618 2024 (print) | LCC QL666.O6 (ebook) |
    DDC 597.96—dc23/eng/20221122

Impreso en China

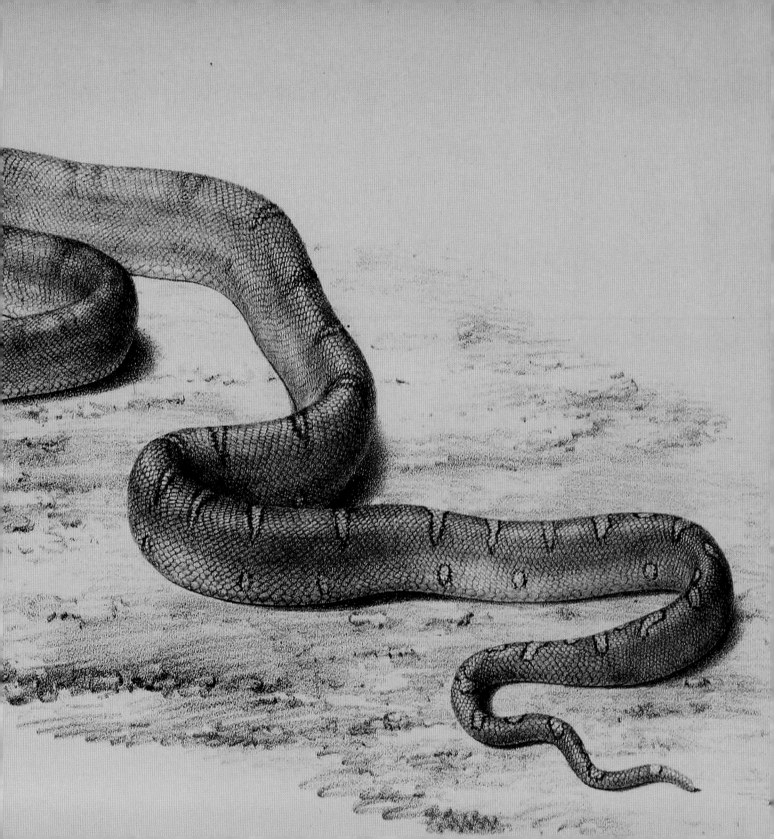

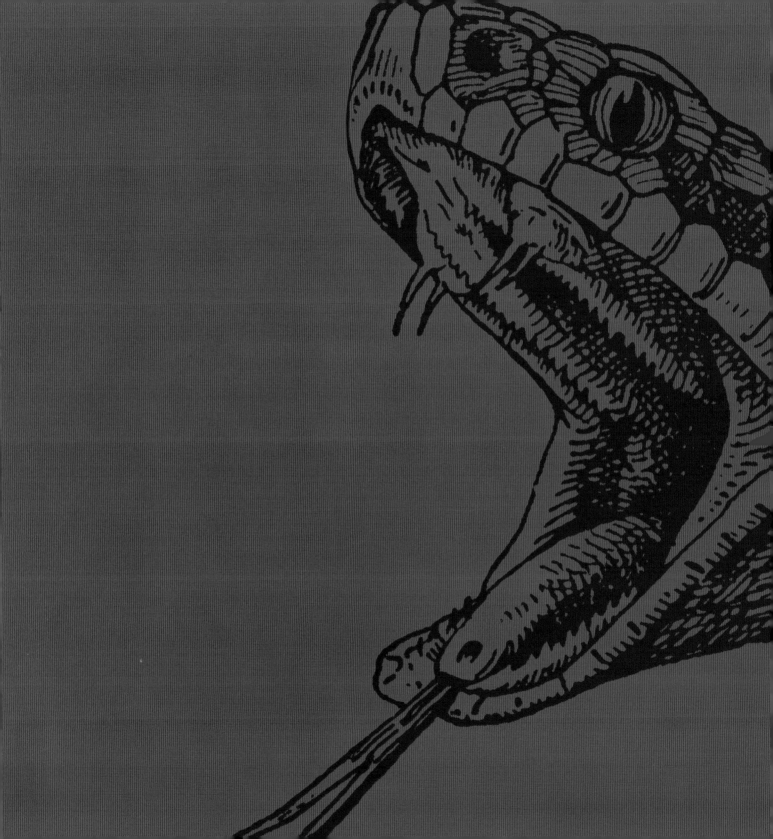

CONTENIDO

Maravilla sin patas 11

En qué parte del mundo vive 14

Deambulando y a la espera 20

Una historia de temor 29

Más por descubrir 36

Cuento de animales: Djisdaah y la batalla

  contra las serpientes 40

Glosario 46

Bibliografía seleccionada 47

Índice alfabético 48

Una tibia mañana de finales de la primavera, una serpiente de cascabel de la pradera sale deslizándose de su madriguera. Ha estado dentro de una grieta oscura durante seis meses y la luz solar brillante y repentina lastima sus ojos sensibles. La serpiente se echa al sol por varias horas, dejando que el calor caliente su cuerpo café moteado. Pronto, iniciará su lenta excursión hacia un campo abierto o el bosque, donde pasará el verano cazando alimento y buscando pareja. A lo largo del camino, la cautelosa serpiente de cascabel tendrá que ocultarse atrás de troncos o rocas grandes, o en arbustos o pastos altos, y tener cuidado de no ser sorprendida por otro animal o pisada por una persona. Pero incluso si eso sucede, tan solo con agitar un poco su cascabel debería asustar y alejar a la criatura. Desenrollando su cuerpo largo y esbelto, la serpiente de cascabel sale en busca de su primera comida de la temporada.

Debido a que las serpientes son puro músculo y carecen de extremidades, la mayoría se puede enrollar en cualquier parte, incluso alrededor de ramas pequeñas.

Maravilla sin patas

Las serpientes son unos de los animales más difundidos sobre la Tierra y unos de los más variados. Existen más de 3.000 especies de serpientes conocidas y cada año se descubren nuevas especies. La serpiente es un reptil, o un animal **ectotermo** con columna vertebral.

La lagartija también es un reptil, pero a diferencia de la mayoría de las lagartijas, la serpiente no tiene extremidades y se clasifica dentro del suborden Serpentes.

Dentro del suborden Serpentes, hay 18 familias de serpientes. Estas familias pueden agruparse a su vez en dos secciones: serpientes primitivas y serpientes verdaderas (o típicas). Las serpientes primitivas, como las serpientes ciegas, las serpientes lombriz y las serpientes hilo, representan las primeras formas de serpientes y llevan vidas menos complicadas. Las serpientes verdaderas, como la serpiente topera, la serpiente ratonera, la serpiente real y la mayoría de las demás serpientes son más **evolucionadas** y más activas.

Las serpientes parecen lagartijas sin patas. Los científicos creen que las serpientes y las lagartijas solían ser la misma criatura hasta hace millones de años cuando las serpientes perdieron sus extremidades. Sin embargo, algunas lagartijas subterráneas carecen de patas y algunas serpientes (como las boas) tienen diminutas garras en las patas traseras. Las lagartijas y las serpientes siguen siendo parientes cercanas y comparten ciertas características, pero la presencia de huesos en los hombros diferencia a las lagartijas de las serpientes. Además, aunque tanto la lagartija como la serpiente tienen escamas, la serpiente solo tiene una hilera de escamas a lo largo de su vientre, mientras que la lagartija tiene varias hileras.

Las serpientes viven en todo el planeta excepto en las islas de Irlanda, Islandia, Groenlandia, Nueva Zelanda y el continente antártico. Debido a que las serpientes viven en muchos ambientes diferentes, las diferentes especies han desarrollado sus propias adaptaciones a su clima y su entorno. Las serpientes se encuentran en los pastos de las praderas, en bosques, humedales, desiertos, en la cima de las montañas y hasta en el agua. Pero la mayoría de las serpientes viven en las regiones tropicales alrededor del ecuador, donde la temperatura se mantiene bastante elevada, el aire siempre es húmedo y hay muchos animales para comer.

A diferencia de las personas y otros mamíferos, las serpientes son ectotermos. Para mantener una temperatura corporal ideal de alrededor de 86 grados Fahrenheit (30 grados Celsius), la serpiente se acuesta bajo el sol para calentarse y se desplaza hacia la sombra para enfriarse. En contraste, la sangre de los mamíferos siempre está caliente y mantiene una temperatura constante, sin importar qué esté sucediendo en su entorno. El cuerpo largo de la serpiente le permite calentarse rápidamente. Si su temperatura corporal baja demasiado, se vuelve lenta y no puede digerir la comida adecuadamente. En climas fríos, conserva el calor corporal enrollándose.

La mayoría de las serpientes de las selvas tropicales sudamericanas viven sobre la tierra o abajo de ella, pero algunas viven en árboles o en el agua.

En qué parte del mundo vive

Con más de 3.000 especies, las serpientes viven en todos los continentes del mundo, excepto en la Antártida. Aunque la gran mayoría se encuentran en regiones tropicales o subtropicales, también hay muchas variedades en el hemisferio norte.

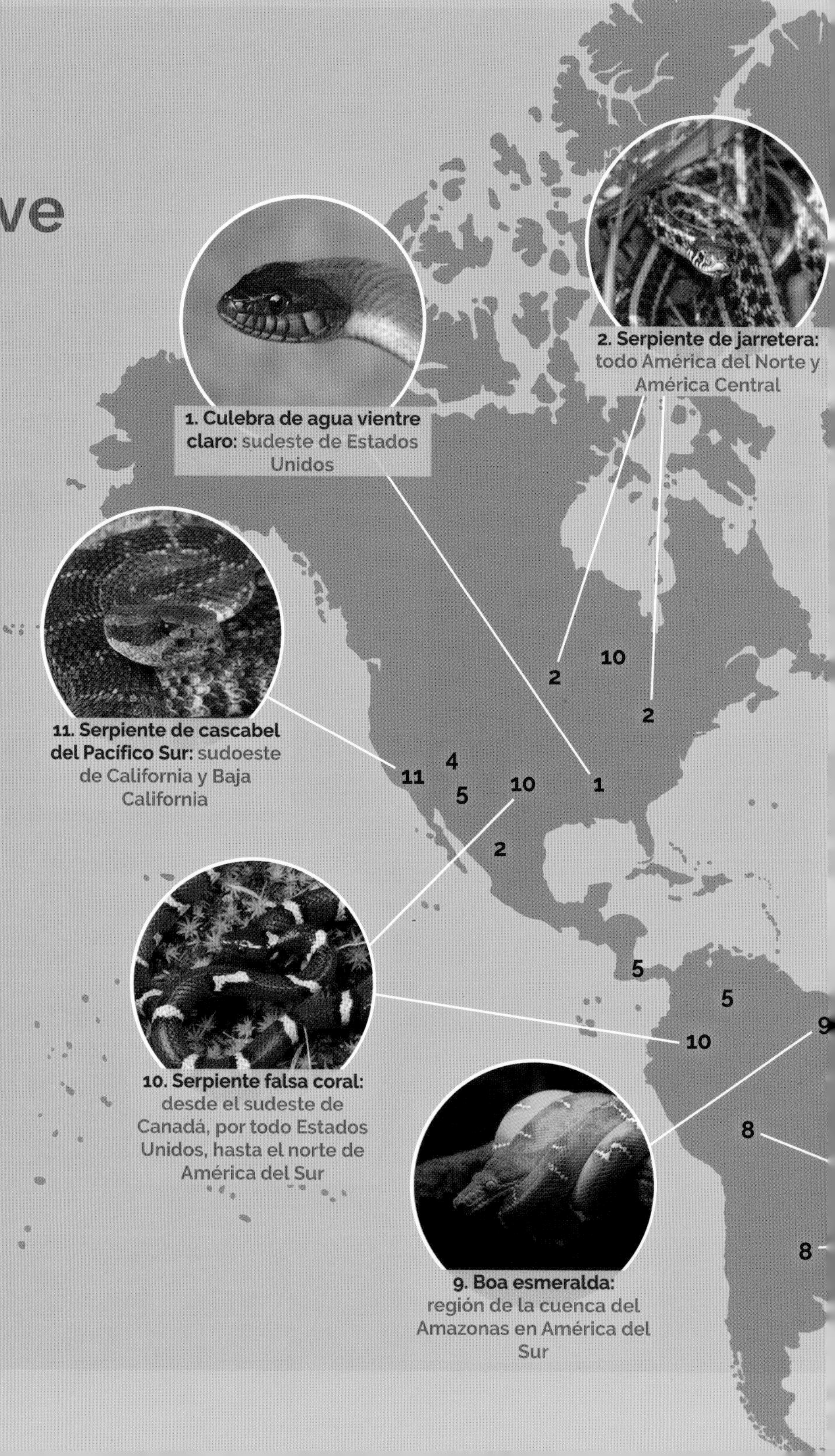

1. Culebra de agua vientre claro: sudeste de Estados Unidos

2. Serpiente de jarretera: todo América del Norte y América Central

11. Serpiente de cascabel del Pacífico Sur: sudoeste de California y Baja California

10. Serpiente falsa coral: desde el sudeste de Canadá, por todo Estados Unidos, hasta el norte de América del Sur

9. Boa esmeralda: región de la cuenca del Amazonas en América del Sur

10
2
2
11
4
5
10
1
2
5
5
9
10
8
8

3. Culebra de collar: Inglaterra y toda Europa

3

3

4. Víbora cornuda: norte de África, sur de Europa, sudoeste de África, desiertos de América del Norte

4

4

5. Serpiente ciega: partes de África, Asia, América del Sur, sur de América Central, sudoeste de Estados Unidos, norte de México

5

5

5

6

6

6. Pitón real: oeste y centro de África

3

7

7. Cobra del cabo: sur de África

8. Anaconda amarilla: países sudamericanos de Brasil, Paraguay, Bolivia y Argentina

La coloración café con manchas café claro de la boa constrictora le ayudan a confundirse con el suelo y los árboles en donde vive.

Todas las especies de las más de 60 serpientes marinas que viven en el agua son venenosas, pero estas serpientes no agresivas rara vez muerden a las personas.

El área donde vive una serpiente y el tamaño de su cuerpo determinan lo que come. Todas las serpientes son carnívoras, es decir, comen carne. Su tamaño varía desde las serpientes hilo, que miden tan solo 4 pulgadas (10 centímetros) de largo y son tan delgadas como una pajilla, hasta las anacondas gigantes, que pueden medir más de 30 pies (9 metros) de largo y pueden pesar 500 libras (227 kilogramos). Las serpientes más pequeñas comen animales más pequeños como insectos, lombrices, pequeñas aves y huevos; las serpientes más grandes comen animales más grandes como ratas, mapaches, otras serpientes, murciélagos y, a veces, incluso venados y antílopes. Las serpientes grandes, como las boas y las pitones, pueden comerse a un animal tres veces más grande que ellas.

Aunque la serpiente no tiene orejas, párpados ni extremidades útiles, se las arregla muy bien para moverse en sus ambientes. Tiene dos ojos, uno a cada lado de la cabeza, pero su vista es mala. En cambio, depende de su capacidad de oír sonidos de baja frecuencia para mantenerse fuera de peligro. Conforme se mueve por el suelo, el maxilar de la serpiente detecta las vibraciones hechas por el movimiento y transfiere el sonido a los oídos internos. Si detecta pasos de una persona o un animal grande en las proximidades, tiene tiempo de huir.

La pequeña víbora de pestañas es una cazadora feroz que come animales mucho más grandes que ella.

El sentido del olfato de la serpiente es, por mucho, su sentido más importante. Tiene dos aberturas nasales que detectan partículas de olor en el aire, pero saca su lengua bifurcada cuando quiere ubicar algo como una pareja o la cena. Las **moléculas** de olor en el aire se pegan a la lengua y cuando la serpiente mete su lengua, los olores pasan a través de dos orificios llamados órgano de Jacobson en el techo de su boca, y así transfiere la información olfativa a su cerebro. Esto le permite encontrar alimentos, incluso en la oscuridad.

Todas las serpientes tienen una piel interna y una piel externa. La piel externa está cubierta de escamas secas hechas de queratina, un material resistente que también conforma el pelo y las uñas de las personas. Hasta los ojos de la serpiente están cubiertos por escamas delgadas y transparentes llamadas espéculos. Los **pigmentos** en las escamas le dan su coloración a las serpientes. Las escamas pueden ser todas del mismo color o estar compuestas de diferentes colores, en patrones de rayas o puntos.

Cada vez que crece o su piel se gasta, la serpiente muda su capa externa de piel. Comúnmente, frota su cabeza contra un objeto, como una roca, para soltar primero la piel de alrededor de su boca. Después, jala el resto de su cuerpo hacia fuera, dejando atrás la piel vieja. Mientras que las serpientes adultas mudan de piel 3 o 4 veces al año, las jóvenes lo hacen de 6 a 12 veces. Las serpientes jóvenes suelen mudar de piel por primera vez en su primera semana de vida.

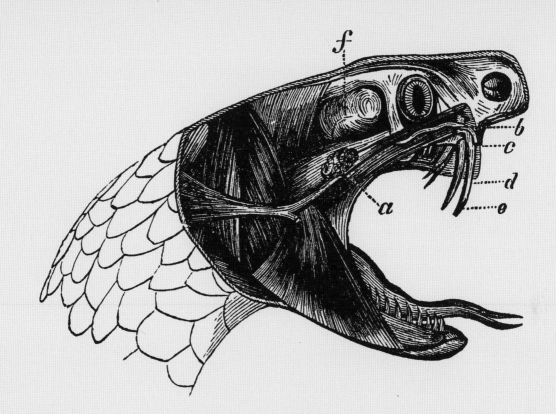

Los colmillos de la serpiente suelen funcionar durante unas 6 a 10 semanas. Cuando un colmillo se gasta o se pierde, crece uno nuevo en su lugar.

Al no tener extremidades, la serpiente tiene que usar sus músculos fuertes para poder moverse. Algunas serpientes se desplazan empujando los lados de su cuerpo contra objetos que están alrededor o contra el suelo. Otras **contraen** sus músculos para arrastrarse hacia delante como orugas. Y otras, como las serpientes arborícolas, se mueven al estilo concertina: empujan la mitad del cuerpo hacia delante, luego jalan el resto del cuerpo hacia arriba, imitando el movimiento de un acordeón o concertina. Las serpientes que se desplazan de costado, como la víbora cornuda, suelen vivir en áreas desérticas y arenosas. Para avanzar, eleva la cabeza, dobla la mitad del cuerpo formando un aro, lanza al aire su cabeza elevada y su cuerpo en aro, luego se sujeta con la parte frontal del cuerpo mientras levanta el resto del cuerpo de la arena para seguir el mismo camino. Las serpientes pequeñas y delgadas se deslizan más rápido que las serpientes grandes y pesadas, pero la velocidad máxima de la mayoría de las serpientes es de unas 3 millas (4,8 kilómetros) por hora en promedio.

Deambulando y a la espera

Al igual que otras serpientes arborícolas tropicales, la pitón arborícola verde usa su cuerpo esbelto y flexible para enroscarse en los árboles.

La vida de las serpientes no es fácil, pero su cuerpo se ha adaptado bien a los diferentes hábitats. En el agua, las mejores nadadoras son las serpientes marinas y las cobras marinas, que viven tanto en agua salada como en agua dulce. Estas serpientes tienen una glándula especial bajo la lengua que recoge la sal del agua.

Cada vez que sacude la lengua, la glándula saca una pequeña cantidad de sal antes de ingerir más agua. Las serpientes arborícolas tienen la cabeza delgada y puntiaguda, y una cola que les ayuda a desplazarse a través de las hojas y a enrollarse en las ramas de las selvas tropicales. Otras serpientes como las serpientes hilo y las serpientes ciegas tienen cráneos gruesos y duros y escamas resbaladizas diseñadas para esconderse bajo tierra.

La mayoría de las serpientes viven en climas cálidos y están activas todo el año. Pero en los desiertos y otros lugares calurosos, las serpientes pueden estar **aletargadas** durante los meses más calientes y secos. Las serpientes que viven en climas más frescos enfrentan un dilema diferente cuando viene el invierno: cómo mantenerse calientes cuando su cuerpo no puede generar calor. A diferencia de las aves o los mamíferos que se mueven

A diferencia de la mayoría de las serpientes, la víbora de pestañas hembra se queda con sus crías durante unos dos meses después de parir.

rápido, las serpientes no pueden **migrar** a regiones más cálidas. Cuando la temperatura desciende, se mantienen calientes en un lugar como una cueva, un establo, un sótano, una guarida subterránea o una grieta profunda donde hacen su madriguera. Dentro de la madriguera, la serpiente hiberna —su pulso y respiración se ralentizan, su sangre se hace más espesa, deja de crecer y no come ni bebe. La hibernación puede durar desde unas cuantas semanas hasta varios meses.

Cuando llega la primavera, las serpientes salen deslizándose de sus madrigueras y empiezan a buscar pareja. Al sacudir su lengua, una serpiente macho puede detectar las **feromonas** liberadas por una hembra y determinar si esa serpiente será una buena pareja. Un macho suele aparearse con más de una hembra. En algunas especies, por ejemplo la cobra, dos machos lucharán y pelearán por el derecho a aparearse con una hembra en particular. La temporada de apareamiento dura varias semanas y sucede en diferentes momentos según las diferentes especies. Después de que un macho y una hembra se aparean, cada uno se irá por su lado.

La mayoría de las serpientes pone huevos, que no son duros sino maleables y resistentes. Antes de poner los huevos, la serpiente hembra busca un lugar cálido y escondido, como la arena, un tronco viejo o una pila de hojas en descomposición. Las crías se desarrollan adentro de los huevos durante dos a cuatro meses y luego la madre pone su **nidada**, que generalmente consta de entre 3 y 16 huevos. Después de poner los huevos, algunas madres los **incuban** por 55 días en promedio o hasta que las crías salgan de sus huevos, pero otras madres se van inmediatamente y dejan que el sol los incube. Una vez que la madre ha puesto los huevos o después de que las crías han salido del huevo, la madre y los recién nacidos se van cada uno por su lado. Las serpientes no viven en familia.

Casi un tercio de todas las serpientes paren crías vivas, en lugar de poner huevos. Las serpientes bebés, llamadas neonatos, se desarrollan en **membranas** transparentes dentro de su madre. Estas membranas están llenas de una yema rica en nutrientes, que los neonatos comen para crecer fuertes. Cuando las crías nacen, todavía están dentro de las membranas y deben usar un diente temporal llamado diente de huevo para cortar la membrana y poder salir. Después de esto, la madre las abandona. Las crías de serpiente saben de inmediato cómo cazar su alimento y defenderse, actuando por instinto. Las serpientes alcanzan la madurez para poder aparearse después de dos a cuatro años.

Las fuentes de alimento de las serpientes van desde insectos y arañas hasta puercoespines y venados. Las serpientes pequeñas que viven en los árboles o en el suelo usan la lengua para seguir el rastro de olor de presas como arañas, aves y otras serpientes. Las serpientes más grandes, como algunas boas, pitones y crótalos, tienen en su hocico órganos que detectan el calor corporal llamados fosetas labiales. Las fosetas labiales les permiten detectar si la presa está lo suficientemente cerca para comérsela o si hay algún depredador en las proximidades. Como estas serpientes tienen cuerpos más grandes y no pueden moverse a la velocidad suficiente como para alcanzar a las presas, esperan parcialmente escondidas en un árbol o en el suelo a que la presa pase y, entonces, les tienden una emboscada. Como ubicar y atrapar presas puede ser difícil, la mayoría de las serpientes come tanto como puede cada vez que puede. Las serpientes necesitan ingerir solo de 6 a 30 comidas al año para estar saludables.

Incluso las serpientes pequeñas pueden comer roedores y otras criaturas agarrándolas con sus dientes traseros y abriendo ampliamente la quijada.

Para matar a las presas, las serpientes usan todos los medios necesarios. Tienen dientes frontales largos y filosos llamados colmillos, que usan para morder y sujetar a la presa. Las serpientes grandes y gruesas como las boas envuelven con su cuerpo a la presa para constreñir al animal hasta que deja de respirar. La mandíbula de la mayoría de las serpientes puede abrirse muy grande. Esto les permite comer animales que son muchas veces más grandes que ellas. La serpiente encaja sus dientes traseros en el animal, lo envuelve con su boca y usa los músculos de la garganta para jalar a la presa hacia su estómago.

Alrededor de 600 especies de todas las serpientes del mundo son venenosas o ponzoñosas. Estas serpientes almacenan veneno entre los colmillos. Cuando la serpiente muerde, inyecta veneno en la víctima a través de sus colmillos. A veces, la serpiente envenena a un animal, lo deja ir y luego sigue su rastro para encontrarlo y comérselo. Otras veces, inyecta veneno y sujeta con fuerza a la presa, hasta que esta deja de luchar y la serpiente puede comérsela.

Cuando la mayoría de las serpientes venenosas cierran la boca, los colmillos se pliegan contra el paladar.

Las serpientes venenosas también usan su veneno para defenderse de los depredadores como aves, peces, zorros, coyotes, leones y otras serpientes. Cuando se sienten amenazadas, las cobras escupen veneno en los ojos del depredador para cegarlo y esto le permite a la cobra escapar. Sin embargo, la mejor defensa de la mayoría de las serpientes es esconderse. La coloración de la serpiente suele ser similar a la de su entorno y eso la ayuda a camuflarse. Las serpientes con bandas de colores brillantes, como la serpiente coralillo, suelen ser venenosas y sus colores obvios alejan a los depredadores. Los colores de algunas serpientes no venenosas suelen imitar los colores de las venenosas para confundir a los depredadores y mantenerlos alejados. Cuando se sienten arrinconadas, las serpientes sisean, se retuercen o agitan la cola, como hacen las serpientes de cascabel, para que los depredadores las dejen en paz. Una serpiente suele morder como defensa solo cuando se siente amenazada o provocada.

La cantidad de alimento que come una serpiente determina con qué frecuencia puede tener bebés. La serpiente amarilla de Arafura es la que menos come y pone huevos solo una vez cada diez años.

Una historia de temor

Desde que las personas y las serpientes interactuaron por primera vez hace millones de años, las serpientes han sido objeto de temor y veneración. Las serpientes aparecen en algunas de las tallas artísticas en muros de piedra y mármol más antiguas que se conocen, de al menos 30.000 años de antigüedad.

Desde el inicio, a las serpientes se las representaba como villanas y se las conectaba con castigos. En la Biblia se cuenta una historia de cómo el diablo se acerca a Eva en forma de serpiente y la convence de comer una manzana, que condena a toda la humanidad a una vida de pecado. En la antigua Grecia, se relataba un **mito** sobre una hermosa mujer llamada Medusa, que se atrevió a comparar su belleza con la de la diosa Atenea. Como castigo, Atenea convirtió el cabello de Medusa en una masa de serpientes retorcidas y cualquier persona que la mirara directamente se convertía en piedra de inmediato. Incluso en el siglo XIX, en historias como *El libro de la selva*, de Rudyard Kipling, aparecían serpientes astutas.

En contraste, los antiguos romanos creían que las serpientes traían buena suerte, así que solían construir altares para venerar a las serpientes e invitaban a estas criaturas a entrar a sus hogares. La serpiente de Esculapio recibe su nombre del dios griego de la sanación, Asclepio (llamado Esculapio en latín, el idioma de los antiguos romanos). Según la leyenda, el dios Apolo envió a una serpiente a enseñarle a Asclepio el valor medicinal de las plantas.

Los encantadores de serpientes indios suelen actuar afuera de los edificios públicos con sus cobras en una cesta frente a ellos.

Los griegos también usaban el símbolo de dos serpientes entrelazadas alrededor de la vara de Hermes, el dios mensajero, como símbolo de los doctores. Actualmente, los médicos aún usan este mismo símbolo.

Desde hace mucho tiempo, la gente en India tiene una fascinación por la cobra. Los encantadores de serpientes tocan instrumentos parecidos a flautas para encantar a las cobras o ponerlas en trance. Comúnmente, cuando la música empieza, la cobra saca la cabeza y extiende la capucha de piel suelta que tiene detrás de la cabeza, expandiendo las costillas. Las cobras suelen extender su capucha como defensa o para mostrar agitación. Entonces, la cobra parece moverse al ritmo de la música; en realidad, no escucha la música, sino que sigue los movimientos del encantador de serpientes y de la flauta brillante.

A pesar de sentirse cautivados por las serpientes, los humanos siempre les tuvieron temor. En el siglo XVII, a medida que los europeos empezaron a **colonizar** América del Norte, se comenzaron a organizar eventos llamados rodeos de serpientes de cascabel para librarse de las serpientes en zonas donde la gente quería establecerse. Se ofrecían premios en efectivo para la persona que matara la mayor cantidad de serpientes de cascabel. Tal destrucción motivada por el miedo hizo que los zoólogos del siglo XIX quisieran estudiar a las serpientes antes de que desaparecieran. Viajaban por todo el mundo recolectando enormes cantidades de serpientes, irónicamente casi eliminando, a veces, ciertas poblaciones locales de la especie.

Las serpientes evitan el contacto con los humanos en la medida de lo posible. Pero cuando las personas tratan de atrapar una serpiente en la naturaleza o se tropiezan con una serpiente que estaba descansando, normalmente sufrirán una mordedura. Actualmente, se producen más de 5 millones de mordeduras de serpiente cada año y más de 80.000 terminan en muerte. La mayoría de esas muertes

Además de su conexión con la muerte y la maldad, las serpientes del cabello de Medusa también simbolizaban su sabiduría.

La serpiente más grande de Australia, la pitón de matorral, no es venenosa pero muerde con facilidad, por lo que representa una pequeña amenaza para los humanos.

suceden en África, el sudeste de Asia y en América Central y del Sur, regiones que tienen la mayor cantidad de serpientes venenosas, tratamientos médicos más deficientes y más personas desnutridas. Sin embargo, la cantidad de muertes sería mucho mayor sin el tratamiento con antídotos. El antídoto se desarrolló a finales del siglo XIX a partir del veneno de serpientes para tratar las mordeduras de serpientes venenosas. En la actualidad, menos del 1 por ciento de las mordeduras tratadas en los humanos terminan en muerte.

En todo el mundo, las serpientes mueren por enfermedades, por inanición, a manos de los depredadores y debido a accidentes mientras cazan presas. Pero la mayor amenaza para la supervivencia de las serpientes es el humano. Como resultado de la **invasión** humana y otras amenazas, recientemente más de 100 especies fueron declaradas en peligro de extinción o amenazadas. Los hábitats favoritos de las serpientes —como los bosques, praderas, humedales y selvas tropicales— están siendo talados y reemplazados por casas, empresas y carreteras. Aunque las serpientes suelen mantenerse alejadas de las ciudades y otras áreas urbanas, a veces un parque, un río o un arroyo urbano se convierte en el hogar de una serpiente. Estas serpientes son especialmente vulnerables a la actividad humana.

Los químicos usados en las fábricas, la agricultura y otras industrias han aumentado la contaminación de ríos, arroyos y tierras, lo que a su vez ha hecho que sea difícil para las serpientes vivir en esas áreas. Muchos científicos creen que la contaminación de las fábricas, las emisiones de los vehículos, las industrias tecnológicas y otras actividades humanas han ayudado a provocar el calentamiento global, el aumento gradual de la temperatura de la Tierra. La contaminación y el calentamiento global han provocado que las ranas, sapos, salamandras y otros anfibios desaparezcan en algunos lugares. Como muchas serpientes se alimentan de anfibios, se está agotando su fuente principal de alimento.

La serpiente hocico de cerdo finge su muerte cuando se siente amenazada —se pone boca arriba, saca la lengua y se queda muy quieta.

La gente aún caza activamente a las serpientes para matarlas o para capturarlas y venderlas como mascotas. En China y otros países asiáticos, la carne de serpiente se considera una exquisitez y se come con frecuencia. En Australia y Nueva Guinea, a los pueblos aborígenes les gusta comer serpientes, especialmente pitones. En algunos países asiáticos, la gente también cree en los poderes de sanación de las serpientes, por lo que suelen matarlas para usarlas en medicinas tradicionales. En África, Asia y otras regiones donde los humanos entran en contacto frecuente con ellas, se las mata en defensa propia o por deporte.

A lo largo de los tiempos, las personas han usado ropa y zapatos hechos de piel de serpiente y actualmente los productos de piel de serpiente están más de moda que nunca. Cada año, se mata a millones de serpientes para fabricar zapatos, bolsos, cinturones y abrigos. En la década de 1990, se hizo muy popular tener serpientes como boas y pitones de mascotas. Millones de serpientes y productos de serpiente son transportados y vendidos en todo el mundo cada año.

A partir de la década de 1960, sociedades por la vida silvestre como la Humane Society de Estados Unidos empezaron a educar a las personas sobre la importancia de las serpientes. Biólogos y **herpetólogos** trabajaron con voluntarios y el personal de los zoológicos y centros de vida silvestre como los de la Sociedad para la Conservación de la Vida Silvestre y el Fondo Mundial para la Vida Silvestre para concientizar a las personas sobre la necesidad de preservar las poblaciones de serpientes. Muchas especies amenazadas en América del Norte, como la serpiente de jarretera de San Francisco y la serpiente látigo de Alameda, ahora están protegidas por la ley. En años recientes, algunas revistas sobre naturaleza como *National Geographic* han presentado muchos artículos sobre serpientes, y esto ha hecho que las personas se interesen nuevamente en la difícil situación de las serpientes. Muchas personas ahora ven a las serpientes como criaturas hermosas y exóticas, en lugar de animales malvados. Sin embargo, el prejuicio contra las serpientes continúa entre la mayoría de las personas.

Canción de despedida: KAA

La ira es la semilla, es el germen del Miedo.
Sólo el ojo sin párpado de tal libre se halla.
Dejéis que os afecte de la Cobra el veneno,
mas por lo que al discurso de la Cobra os ataña,
conviene que con ella habléis abiertamente
pues la fuerza es hermana de la buena crianza.
No sobrevaloréis vuestras capacidades,
ni prestéis vuestra fuerza a una podrida rama.
Y para que vuestro ojo no se os atragante,
calculad bien los gamos que coméis y las cabras.
Si, después de comer, a dormir queréis iros,
cuidad que vuestra cueva sea honda y retirada.
Por el este y oeste, por el norte y el sur,
lavaos la piel y luego tened boca cerrada.
(¡Por hoyos y grietas, por estanques azules,
Selva Media, seguid a la Ranita sabia!)
¡Mirad, la Selva entera está a vuestro favor,
los árboles y el viento, los bosques y las aguas!

— de Rudyard Kipling (1865–1936); traducción:
   Miguel Garci-Gómez de *El libro de la selva*

Más por descubrir

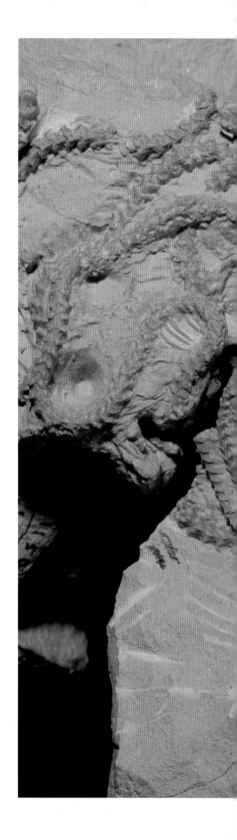

Aunque los humanos han estado fascinados por las serpientes desde hace milenios, solo en los últimos 200 años los investigadores han empezado a estudiar en profundidad la forma y el hábitat de las serpientes. Hoy en día, los científicos suelen aventurarse en las partes más remotas del mundo para capturar serpientes, a fin de aprender más sobre ellas. A través de sus hallazgos, las personas de todas partes tienen la oportunidad de estudiar a estas criaturas únicas.

Hace más de 380 millones de años, los anfibios primitivos llamados laberintodontos vagaban por el planeta. Los anfibios son vertebrados, o animales con columna vertebral, que tienen piel externa suave y viven en la tierra y en el agua. Ochenta millones de años después, los reptiles como los cocodrilos y las lagartijas se desarrollaron a partir de estos primeros anfibios. Los reptiles fueron los primeros animales vertebrados que vivieron totalmente en tierra firme.

Los fósiles de boas de arena encontrados en Wyoming sugieren que estas serpientes vivieron en esa zona hace unos 32 millones de años.

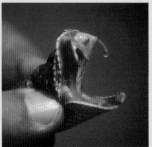

El veneno, producido por glándulas abajo y detrás de los ojos, sale del cuerpo de la serpiente a través de los colmillos.

Se cree que las primeras serpientes evolucionaron hace 150 a 100 millones de años a partir de ancestros lagartijas. Conforme el tiempo pasó, el clima y las aguas de la Tierra cambiaron y las especies animales tuvieron que adaptarse para sobrevivir. Como las serpientes no tienen una buena visión, se cree que se desarrollaron a partir de lagartijas que vivían bajo tierra y, por ello, no necesitaban buena vista. Los científicos creen que las primeras serpientes tenían patas; actualmente, los machos de algunas especies todavía tienen diminutas patas traseras llamadas espolones que usan para pelear y aparearse. Sin embargo, enterrarse era mucho más fácil sin patas, y se piensa que las serpientes perdieron sus patas a fin de enterrarse en la tierra y caber dentro de pequeñas grietas.

Algunos científicos creen que cuando las serpientes evolucionaron por primera vez, los continentes de América del Sur, África y Australia estaban unidos en una sola masa de tierra, mientras que los continentes de América del Norte, Europa y Asia formaban otra. Conforme estas tierras se separaron para formar diferentes continentes hace unos 60 millones de años, la población de serpientes del mundo se volvió a distribuir. Esta teoría ayuda a explicar por qué las serpientes norteamericanas actuales están cercanamente emparentadas con las de Europa y Asia, mientras que las serpientes sudamericanas se parecen a las de África y Australia.

Las serpientes benefician a la naturaleza y a las personas de muchas formas y su destrucción total tendría consecuencias negativas muy profundas. Al alimentarse de arañas, insectos y roedores, las serpientes evitan que estos animales invadan los hogares y propaguen enfermedades. También, ayudan

El parecido físico entre las lagartijas y las serpientes es evidente, desde las escamas hasta la forma del cuerpo.

Cuento de animales: Djisdaah y la batalla contra las serpientes

Durante cientos de años, los indígenas estadounidenses, como los iroqueses, vivieron y trabajaron entre muchos tipos de serpientes. Probablemente vieron a una serpiente defenderse y morder a una persona, y esa persona puede haber tratado de vengarse de la serpiente. La siguiente historia nos enseña por qué es importante tratar a las serpientes con respeto.

En la aldea vivía un hombre llamado Djisdaah, que era cruel con los animales. Un día, cuando estaba cazando, encontró una serpiente de cascabel y decidió torturarla. Sostuvo su cabeza contra el suelo y la atravesó con un pedazo de corteza. También le hizo esto a otras serpientes.

Un día, otro hombre de su aldea estaba caminando por el bosque cuando oyó un ruido raro, más fuerte que el viento que soplaba entre las copas de los altos pinos. Se acercó arrastrándose para ver. Allí, en un amplio descampado, había muchas serpientes. Estaban reunidas para un consejo de guerra. El hombre escuchó asustado y las oyó decir:

«Ahora debemos pelear contra ellos. Djisdaah nos ha desafiado y debemos empezar la guerra. En cuatro días, iremos a su aldea a combatirlos».

El hombre se alejó arrastrándose y luego corrió lo más rápido que pudo para contarle a su aldea lo que había visto y oído. El jefe envió a otros hombres para ver si lo informado era verdad. Regresaron muy asustados.

«Ay», dijeron «Es verdad. Las serpientes se están reuniendo todas para empezar una guerra».

El jefe de la aldea pudo ver que no tenía opción. «Debemos pelear», dijo, y ordenó a los aldeanos prepararse para la batalla. Cortaron montañas de madera y las apilaron en grandes montones por toda la aldea. Construyeron hileras de estacas, muy cerca la una de la otra, para mantener alejadas a las serpientes. Al llegar el cuarto día, el jefe ordenó prender fuego a las pilas de madera.

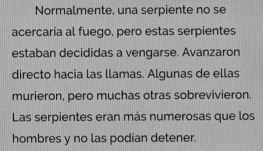

Normalmente, una serpiente no se acercaría al fuego, pero estas serpientes estaban decididas a vengarse. Avanzaron directo hacia las llamas. Algunas de ellas murieron, pero muchas otras sobrevivieron. Las serpientes eran más numerosas que los hombres y no las podían detener.

Ahora resultaba claro para el jefe de la aldea que sus guerreros jamás podrían ganar esta batalla. Les gritó a las serpientes que habían llegado hasta la orilla de la aldea: «Escúchenme, hermanas. Nos rendimos. Les hemos hecho mucho daño. Tengan piedad de nosotros».

Las serpientes se detuvieron allí donde estaban y hubo un gran silencio. Los guerreros exhaustos miraron al gran ejército de serpientes y las serpientes los miraron a su vez. Entonces, la tierra tembló y se fracturó frente a los humanos. Una gran serpiente, más alta que el pino más grande, cuya cabeza era más grande que una gran casa comunal, salió del agujero en la tierra.

«Escúchenme», dijo esta. «Soy el jefe de todas las serpientes. Nos iremos y los dejaremos en paz si prometen una cosa».

El jefe de los guerreros miró a la gran serpiente y asintió con la cabeza. «Lo haremos, gran jefe», le dijo.

«Muy bien», dijo el jefe de las serpientes. «Esto es lo que pedimos: deben tratarnos siempre con respeto».

a proteger los cultivos de ser devorados por insectos y pequeños mamíferos. Los científicos están descubriendo, además, que el veneno de la serpiente puede usarse con propósitos medicinales para tratar enfermedades y el dolor en los humanos.

En todo el mundo, una cantidad cada vez mayor de organizaciones e individuos se están dedicando a la conservación de las especies de serpientes. Muchos zoológicos del mundo tienen serpientes en cautiverio y les proporcionan ambientes que se parecen a sus hábitats naturales; las exhibiciones de serpientes y otros reptiles son unas de las más visitadas en muchos zoológicos. Las serpientes en estado salvaje viven un promedio de 20 años y las serpientes en cautiverio suelen vivir 3 o 4 años más, gracias a la ayuda de los humanos. Al tiempo que la popularidad de tener serpientes como mascotas ha aumentado, también ha aumentado la cantidad de sociedades herpetológicas para enseñar a las personas, de primera mano, cómo tratar a las serpientes y cómo podemos coexistir pacíficamente.

Los jóvenes aprenden sobre las serpientes a través de los libros, el internet y las visitas a centros naturales, y muchos llegan a apreciarlas e incluso a gustar de ellas. En la década de 1930, en Estados Unidos, los niños exploradores recibían medallas de bronce por matar serpientes de agua del norte, creyendo que con ello estarían protegiendo a las poblaciones cercanas de truchas. Actualmente, muchos niños

aprenden la importancia de valorar a las serpientes por su papel en el reino animal y quieren protegerlas, en lugar de matarlas.

Los centros naturales suelen permitir que las personas vean de cerca a las serpientes, lo que les permite apreciarlas más. Dentro del Área de Manejo de Vida Silvestre Narcisse, en Manitoba, Canadá, miles de serpientes de jarretera despiertan de su hibernación cada abril y mayo y salen a borbotones de sus madrigueras cual chorros de agua. El despertar de las serpientes de jarretera se ha convertido en una atracción turística en Narcisse y, cada año, cientos de personas y autobuses repletos de niños vienen a ver y a tocar a las inofensivas serpientes de jarretera.

Las personas pueden darles a las serpientes una de las mejores posibilidades de sobrevivir mediante la adopción de tratados tales como la Convención sobre el Comercio Internacional de Especies Amenazadas, o CITES, que se firmó en 1973 en Washington, D.C. Este acuerdo, que para 2022 había sido adoptado por 184 partes, regula el comercio internacional de especies amenazadas, incluidos muchos tipos de serpientes, y los productos hechos a partir de ellas. Gracias a CITES, las poblaciones de algunas especies de serpientes han aumentado, pero muchos países carecen de mecanismos para implementar este tipo de acuerdos. Quizás un método aún más fuerte para proteger a las serpientes esté en manos de las sedes locales de grupos como Nature Conservancy y la National Audubon Society.

Las serpientes que se deslizan más rápido suelen tener cuerpos con rayas. Las rayas dificultan ver que la serpiente se está moviendo.

Hoy en día, en muchas regiones del mundo se está tratando de proteger activamente a las serpientes. El estado de Arizona protege a su especie de serpiente de cascabel pequeña, en peligro de extinción, y encarcela a los **cazadores furtivos** que atrapa. En el país africano de Uganda, el Parque Nacional Impenetrable de Bwindi, de 127 millas cuadradas (329 km cuadrados) es el hogar de cientos de especies

Aunque resulta tentador tocar al crótalo azul, cuidado, su mordida es muy venenosa.

de serpientes y de muchos animales raros como los gorilas de montaña. En Brasil, ciertas reservas de vida silvestre que el gobierno ha apartado como tierras para los pueblos indígenas, también son el hogar de muchas especies de serpientes y esto las protege del contacto humano adicional. Pero cuando los humanos, por ejemplo, los ganaderos, representan una amenaza para las serpientes que viven en las mismas zonas donde pasta el ganado, se deben tomar otras medidas para ayudar a las serpientes a sobrevivir. El Malpai Borderlands Group, con sede en Arizona, educa a los ganaderos sobre cómo conservar más pastizales para especies nativas, como las serpientes de cascabel de nariz surcada de Nuevo México, en lugar de destruir los hábitats de las serpientes por el sobrepastoreo.

La lucha por salvar los hábitats de las serpientes de la invasión humana apenas está comenzando, pero las personas están decididas a hacer lo que puedan para salvar a esta criatura a veces exótica. Cada año, se descubren nuevas especies e incluso nuevas características sobre especies existentes. Pero, al mismo tiempo, las personas se extienden y siguen invadiendo los hábitats naturales de las serpientes. Entre más personas aprendan sobre la vida de las serpientes, mayor oportunidad tendrán estos animales únicos de seguir conservando su lugar como unas de las criaturas más adaptables, fascinantes y misteriosas del mundo.

Glosario

aletargado – en un estado de descanso durante el cual las funciones físicas se ralentizan.

camuflaje – capacidad para esconderse debido a sus colores o marcas que se confunden con un entorno determinado.

cazador furtivo – persona que caza especies protegidas de animales salvajes, incluso cuando eso vaya en contra de la ley.

colonizar – establecer asentamientos en una tierra nueva y ejercer control sobre ellos.

constreñir – hacer que algo sea más pequeño o estrecho amarrándolo o apretándolo.

contraer – juntar los músculos, volviéndolos más cortos o apretados a fin de provocar movimiento.

ectotermo – tener una temperatura corporal que depende de fuentes de calor externas (como el sol).

evolucionar – desarrollarse gradualmente hasta adoptar una forma nueva.

feromona – químico que un animal despide y que influye en el comportamiento o desarrollo de otros de la misma especie y que suele funcionar para atraer los machos hacia las hembras.

frecuencia – medición de las ondas de sonido.

herpetólogo – persona que estudia los reptiles y sus vidas.

imitar – copiar o emular detalladamente; asumir la apariencia de otro ser vivo.

incubar – mantener un huevo caliente y protegido hasta que llegue el momento de eclosionar.

invasión – mudarse al espacio de otro.

membrana – capa delgada y transparente de tejido que cubre un órgano interno o un organismo en desarrollo.

migrar – viajar de una región o clima a otro para alimentarse o aparearse.

mito – una creencia o historia popular o tradicional que explica cómo algo empezó a existir o que está asociada a una persona u objeto.

molécula – grupo de pequeñas partículas llamadas átomos que están unidas entre sí y forman compuestos químicos.

nidada – grupo de huevos producidos e incubados al mismo tiempo.

pigmento – un material o sustancia presente en los tejidos de los animales o las plantas y que les da su coloración natural.

Australia es hogar de algunas de las serpientes más peligrosas del mundo. ¡Una mordedura de una taipán del interior contiene suficiente veneno para matar a 250.000 ratones!

Bibliografía seleccionada

Donahue, Jesse, and Conor Shaw-Draves. *Snakes in American Culture: A History.* Jefferson, N.C.: McFarland & Company, Inc., 2019.

Gower, David, ed. *Origin and Early Evolutionary History of Snakes.* New York: Cambridge University Press, 2022.

Mullin, Stephen J., and Richard A. Seigel, eds. *Snakes: Ecology and Conservation.* Ithaca, N.Y.: Comstock Pub. Associates/Cornell University Press, 2009.

National Geographic. "Snakes." http://www.nationalgeographic.com/animals/reptiles/facts/snakes-1.

O'Shea, Mark. *The Book of Snakes: A Life-Size Guide to Six Hundred Species from around the World.* Chicago: The University of Chicago Press, 2018.

Steen, David A. *Secrets of Snakes: The Science Beyond the Myths.* College Station, Texas: Texas A&M University Press, 2019.

Índice alfabético

actividades
    aparearse, 8, 23–24, 39
    cazar, 8, 24, 33
    hibernar, 23, 44
    regular la temperatura
        corporal, 8, 12
amenazas, 33–34, 44, 45
    actividades humanas, 30,
        33–34, 45
    calentamiento global, 33
    enfermedades, 33
anacondas, 15, 17
boas, 12, 14, 16, 17, 24, 26, 34, 37
características físicas
    colmillos, 19, 24, 26, 38
    coloración, 16, 18, 26, 44
    diferencias entre serpientes
        y lagartijas, 11–12
    escamas, 12, 18, 20, 39
    hocico, 24
    lengua, 18, 20, 23, 24, 33
    músculos, 10, 19, 26
    piel, 18, 30, 34, 36
    tamaños, 12, 17
    veneno, 26, 33, 38, 42, 45, 47
cobras, 15, 23, 26, 29, 30
    y encantadores de
        serpientes, 29, 30
coralillos, 26
crías, 23–24
    desarrollo, 23–24

nacimiento, 18, 24
depredadores, 24, 26, 33
despertar de las serpientes de
    jarretera, 44
especies en peligro de
    extinción, 33, 44
evolución, 11, 39
expectativa de vida, 42
hábitats
    África, 15, 30, 34, 39, 44
    agua, 12, 17, 20
    América Central, 14, 15, 30
    América del Norte, 14, 15, 30,
        34, 39, 44, 45
    Arizona, 44, 45
    América del Sur, 12, 14, 15, 30,
        39, 45
    Asia, 15, 30, 34, 39
    Australia, 30, 34, 39, 47
    bosques, 12, 33
    desiertos, 12, 15, 19, 20
    Europa, 15, 30, 39
    humedales, 12, 33
    montañas, 12
    praderas, 8, 12, 33
    selvas tropicales, 12, 20, 33
influencias culturales
    historias y mitos, 29, 30, 34,
        40–41
    moda, 34
    religión, 29

mamíferos, 12, 23, 42
medidas de conservación
    papel de la investigación, 36
    programas educativos, 34,
        42, 44
    regulaciones comerciales, 44
movimiento, 19, 20, 24
orden Serpentes, 11
otras especies de serpientes,
    11, 20
parientes, 11–12, 36
    ancestros, 39
    lagartijas, 11–12, 36, 39
pitones, 15, 17, 20, 24, 30, 34
poblaciones, 30, 34, 39, 44
presas, 24, 26, 33, 38
relación con los humanos, 29–
    30, 34, 40, 42
sentidos, 17–18, 24
serpientes arborícolas, 19, 20
serpientes ciegas, 11, 15, 20
serpientes de cascabel, 8, 14,
    26, 30, 40, 44, 45
serpientes hilo, 11, 17, 20
tratamientos con antídotos, 33
usos científicos, 4
velocidades, 19
víboras, 15, 17, 19, 23, 24, 45
zoológicos, 34, 42